〈마법 양탄자 타고 축제 여행〉은
다정한 오누이 동녘이와 다정이가
마법 양탄자를 타고 우리나라 곳곳에서
열리는 다양한 축제 마당을 돌아다니면서
각 축제의 특징도 알고 체험도 하는 이야기예요.
오누이의 마법 양탄자를 따라가면서
우리나라의 지역 축제에 대해 알아보아요.

한국 지리 감수_ 서태열
서울대학교 학부와 대학원에서 지리교육을 전공하고 교육학 박사 학위를 받았습니다. 미국 텍사스 주립대학에서 방문 교수로 활동했으며, 지금은 고려대학교 지리교육과 교수로 있습니다. 제7차 사회과 교육과정 개정위원, 초등 사회 교과서 집필위원, 한국교육과정평가원 자문위원 등을 지냈으며, 지금은 교육과학기술부 사회과 교육과정 심의위원, 한국사회과교육연구학회 부회장, 한국지리환경교육학회 부회장, 고려대학교 교과교육연구소장 등을 맡고 있습니다. 쓴 책으로는 〈지리교육학의 이해〉, 〈위성에서 보는 한국 아틀라스〉, 〈초등 지리 교육론〉 등이 있습니다.

사회 문화 감수_ 서이종
서울대학교 학부와 대학원에서 사회학을 전공하고, 독일 베를린 자유대학교 대학원에서 사회학 박사 학위를 받았습니다. 서울대학교 중앙전산원 부원장으로 활동했으며, 서울대학교에서 정보사회 포럼을 맡고 있습니다. 현재 U클린 운동 추진위원장으로도 활동하고 있으며, 서울대학교 사회학과 교수로 있습니다. 쓴 책으로는 〈과학 사회 논쟁과 한국 사회〉, 〈인터넷 커뮤니티와 한국 사회〉, 〈한국 벤처기업가 / 벤처기업가 정신〉, 〈지식정보사회의 이론과 실제〉, 〈한국 사회의 위험과 안전〉, 〈사이버 시대의 사회 변동〉 등이 있습니다.

생활 문화 감수_ 남경희
일본 쓰쿠바 대학원에서 사회교육학을 전공하고, 교육학 박사 학위를 받았습니다. 제7차 초등 사회 교과서를 집필했으며, 한국사회과교육연구학회장, 서울교육대학교 발전기획단장 등으로 활동했습니다. 지금은 서울교육대학교 사회교육과 교수로 있습니다. 쓴 책으로는 〈사회과 교수·학습론〉, 〈붕어빵 학교 753교실〉 등이 있습니다.

민주 정치 감수_ 장훈
서울대학교 학부와 대학원에서 정치학을 전공하고, 미국 노스웨스턴 대학교에서 박사 학위를 받았습니다. 한림대학교 정치외교학과 교수, 한국정치학회 상임이사로 활동했으며, 지금은 중앙대학교 정치외교학과 교수로 있습니다. 쓴 책과 옮긴 책으로는 〈경제를 살리는 민주주의〉, 〈한국 사회와 민주주의〉, 〈사회적 자본과 민주주의〉 등이 있습니다.

세계 문화 감수_ 옥한석
서울대학교 학부와 대학원에서 지리학을 전공하고 박사 학위를 받았습니다. 한국사진지리학회장, 교육자료개발원장, 미국 워싱턴 대학 방문 교수로 활동했습니다. 지금은 한국지역지리학회 부회장 및 강원대학교 지리교육과 교수로 있습니다. 쓴 책으로는 〈세계화 시대의 세계지리 읽기〉 등이 있으며, 논문 〈생활 중심 교수 학습 모형의 설계와 적용〉, 〈학생의 일상적 개념을 활용한 지리 학습 동기 유발 방안 연구〉는 교육 현장의 주요 연구 사례로 평가받고 있습니다.

글_ 장경원
단국대학교 국어국문학과를 졸업하고 어린이책 출판사에서 일했습니다. 지금은 꾸준히 어린이를 위한 책을 쓰고 있습니다. 〈말괄량이 삐삐〉를 쓴 린드그렌처럼 할머니가 될 때까지 동화를 썼으면 하는 바람을 갖고 있습니다. 아이들에게 재미와 작은 위안을 줄 수 있는 글을 쓰려고 애쓰고 있습니다. 쓴 책으로는 〈뭐든지 거꾸로 세 번〉, 〈자전거 여행〉, 〈떡 먹기 내기〉 등이 있습니다.

그림_ 김희정
산업디자인을 전공했으며, 디자인 회사에서 근무하다가 지금은 어린이들을 위한 정감 넘치는 책에 그림을 그리고 있습니다. 그린 책으로는 〈하느님 우산은 누가 고칠까〉, 〈꿀벌은 침을 쏘면 왜 죽을까〉, 〈동시 여행〉, 〈위인전 간다〉, 〈잃어버린 시계〉, 〈여름은 즐거워〉, 〈빵가게 아저씨〉 등이 있습니다.

〈교과서 으뜸 사회탐구〉는 탁월한 작품성을 인정받아, 어린이 문화 발전을 위해 아동 문학가, 동요 작곡가, 학교 선생님 등 700여 명으로 구성된 사단 법인 어린이문화진흥회의 좋은 책 선정 위원회가 뽑은 최우수 도서상을 수상했습니다.

교과서 으뜸 사회탐구 43 생활 문화 | 지역 축제

마법 양탄자 타고 축제 여행

총기획 및 발행인 박연환
발 행 처 (주)한국헤르만헤세
출판등록 제17-354호
본   사 경기도 성남시 분당구 대왕판교로34번길 23 한국헤르만헤세 빌딩
대표전화 031-715-7722 · 031-715-8228
팩   스 031-786-1100 · 031-715-1534
고객문의 080-715-7722 · 031-715-7722
편   집 이은정, 정혜원, 지수진
디 자 인 조수진, 방혜자, 한지희, 성지현
사진제공 연합포토 중앙포토 조선일보 이미지클릭

이 책의 저작권은 (주)한국헤르만헤세에 있습니다. 본사의 동의나 허락 없이는 어떠한 방법으로도 내용이나 그림을 사용할 수 없습니다.

△ 주의 : 본 교재를 던지거나 떨어뜨리면 다칠 우려가 있으니 주의하십시오.
고온 다습한 장소나 직사광선이 닿는 장소에는 보관을 피해 주십시오.

 씽씽펜 음원이 제공되는 음원책입니다.
⊙ : 본문과 관련되는 방대한 사회탐구 사전의 내용을 상세히 들을 수 있습니다.

생활 문화 | 지역 축제

마법 양탄자 타고 축제 여행

감수 남경희 | 글 장경원 | 그림 김희정

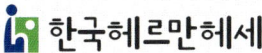
한국헤르만헤세

햇볕 따스하고 바람 솔솔 부는 봄날,
동녘이와 다정이가 축제 여행에 나섰어.
"우아, 우리나라 곳곳에 축제가 참 많네."
"오빠, 어디 먼저 갈까?"
동녘이가 마법 양탄자를 요리조리 살펴보았지.
"우리 집에서 가장 가까운 곳부터 가자.
자, 어서 배낭을 메고 출발~!"
동녘이와 다정이는 재빨리 마법 양탄자에 올라탔어.

안산 국제 거리극 축제

"어, 거리에 차가 하나도 없네?"
"사람들만 바글바글해. 만경이가 어디 있을 텐데……."
저만치서 축제 캐릭터 만경이가 뒤뚱뒤뚱!
"얘들아, 안산 국제 거리극 축제에 온 걸 환영해!
이제부터 거리 공연을 마음껏 즐겨 보렴."

"안산에는 크고 작은 공장이 많아.
그래서 사람들은 안산을 공업 도시로만 여겼어.
하지만 거리극 축제를 본 뒤로 생각이 달라졌단다."
"어떻게 달라졌는데?"
"문화가 풍부한 도시, 재미있는 도시로 바뀐 거지!"

세계적으로 유명한 거리 예술가들이 죄다 모인대.

▲ 만경이

남원 춘향제

남원으로 날아가자 덩더꿍덩더꿍, 풍악 소리가 드높았어.
춘향과 이 도령의 아름다운 사랑을 기리는 남원 춘향제가 한창이었지.
"춘향 아가씨로 뽑힌 언니가 그네를 타고 있어."
"그네가 하늘까지 닿겠다! 저기 이 도령과 방자도 보여!"

춘향 아가씨를 못살게 굴던 변 사또 행차가 정말 시끌벅적하구나.

지리산 철쭉제

이번에는 마법 양탄자가 바로 옆의 지리산으로 휘익!
온 산이 진홍빛으로 물든 지리산 철쭉제장이 나타났어.
여기저기 철쭉을 구경하는 사람들,
사생 대회를 하는 사람들,
산신제를 드리는 사람들이 보였지.

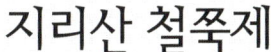

담양 대나무 축제

서걱서걱, 댓잎을 흔들며 상쾌한 바람이 불었어.
대나무 축제가 열리는 담양으로 온 거야.
"오빠, 바람에서 솔솔 대나무 향이 나는 것 같아."
동녘이와 다정이는 하늘을 향해 쭉쭉 뻗은 대숲을 거닐었어.
대통 밥을 먹고 신 나는 대나무 물총 놀이도 했지.
"담양에서는 먼 옛날부터 대나무를 많이 심었단다.
대나무로 온갖 생활용품을 다 만들어 썼지."
안내 도우미 형이 친절하게 설명해 주었어.

강릉 단오제

마법 양탄자가 강릉 쪽으로 날아가더니
사람들이 와글와글한 남대천 가에 사뿐 내려앉았어.
"강릉 단오제는 우리나라에서 가장 크고 오래된 축제야.
유네스코 **세계 무형 유산**으로도 정해졌단다."
쿵더쿵쿵더쿵 무당굿, 말없이 덩실덩실 관노 가면극,
훨훨 그네뛰기, 으랏차차 씨름, 시끌벅적 난장…….
우아, 볼거리, 먹을거리, 즐길 거리가 너무너무 많아!

"반딧불이는 개똥벌레라고도 해."

무주 반딧불 축제

초록 불빛이 반짝반짝 별처럼 밤하늘을 수놓았어.
"와, 반딧불이다, 반딧불이!"
축제 캐릭터 또리와 아로가 쪼르르 달려왔어.
"안녕, 애들아. 여긴 무주 남대천이야.
자연이 맑고 깨끗해 반딧불이가 살기 좋은 곳이지."
"옛날에는 반딧불이가 흔했다던데……."
"지금은 아주 귀해서 천연기념물이 되었어.
이 모든 게 환경 오염 탓이지, 뭐."
"이제부터라도 자연을 잘 보호하면 돼.
그래서 이런 반딧불 축제도 여는 거 아니겠니?"

보령 머드 축제

"어서 와. 여긴 대천 해수욕장이야."
"난 머돌이고 얘는 머순이. 보령 머드 축제 캐릭터야."
진흙투성이 새까만 사람들이 진흙 튜브 안에서 뒹굴뒹굴.
"진흙을 발라 봐. 보령 진흙은 보통 진흙이 아니야.
피부에 좋은 성분이 듬뿍 들어 있거든.
진흙으로 화장품과 약도 만들어 수출까지 해.
덕분에 보령이 유명해지고 관광객도 많이 늘었어."
"히히, 보령 진흙이 복덩이구나."

부산 바다 축제

"흐음, 짭조름한 바다 냄새."
우리나라에서 가장 큰 항구 도시 부산에서
바다 축제가 열리고 있었어.
"해수욕장마다 재미있는 행사가 참 많아."
"어린이 요트 대회도 있는데, 나도 나가 볼까?"
윈드서핑과 비치발리볼 대회도 한창이었지.
밤에는 화려한 음악회와 공연으로
바닷가 어디를 가도 즐거움이 파도처럼 넘실넘실.

광주 남한산성 문화제

마법 양탄자가 이번엔 남한산성 문화제가 열리는 광주에 닿았어.
옛날 산성*을 쌓을 때 죽은 사람과
병자호란* 때 죽은 병사들의 넋을 달래는 굿이 한창이었어.
굿이 끝나자 갖가지 민속놀이와 전통문화 체험이 이어졌지.

양평 은행나무 축제

노랗게 물든 은행나무 사이로 마법 양탄자가 날아갔어.
"이 은행나무는 나이가 천백 살도 넘어,
신령스럽게 여기는 나무래."
사람들이 늙은 은행나무에 정성껏 제사를 지냈어.
"이 제사가 양평 은행나무 축제에서
가장 중요한 행사야."

은행나무가 더 오래오래 살고, 지역 주민들이 평안하기를 비는 제사랍니다.

이천 도자기 축제

마법 양탄자를 타고 이번엔 이천 도자기 축제장으로 슝~!
행사장에 내리자 도자기 캐릭터 토야가 반겨 주었어.
"우리 이천은 흙이 좋기로 이름난 고장이야.
그 흙으로 세계에서 으뜸가는 도자기를 빚어 낸단다."
"자, 도자기 마을에 와서 그냥 갈 수는 없잖아?
보들보들한 흙을 맘껏 주물럭주물럭,
내 손으로 직접 도자기도 만들어 봐야지?"
동녘이와 다정이는 앞다투어 체험장으로 달려갔어.

도자기 가마에 불을 넣는 거야. 불을 지핀 뒤에는 한바탕 잔치를 벌여.

세계인이 사랑하는 문화재, 수원 화성

정조는 조선 제22대 임금이에요. 뒤주에 갇혀 죽은 아버지 사도 세자를 기리며 수원 화성을 지었어요. 수원 화성은 1997년에 유네스코 세계 문화유산이 되었어요. 성곽이 아름답고 튼튼할 뿐만 아니라 과학적인 방법으로 지어져 그 가치를 인정받은 거예요.

210년도 넘은 정조 때 모습이 생생하게 다가오는 것 같아.

수원 화성 문화제

수원에 도착하자 정조 대왕 행차가 떠들썩하게 펼쳐지고 화성 행궁 안마당에선 옛날처럼 과거가 치러졌어.
"어, 저쪽에선 큰 잔치가 벌어졌나 봐?"
"효자인 정조가 어머니 혜경궁 홍씨의 환갑잔치를 열었는데, 그때랑 똑같이 잔치를 해 보이는 거래."

김제 지평선 축제

마법 양탄자가 강과 산을 휙휙 지나치더니
황금 물결이 일렁일렁, 끝없는 들판이 나타났어.
"김제 들녘이야. 하늘과 땅이 맞닿은 지평선이 보인다!"

◀ 지평이

안동 국제 탈춤 페스티벌

와하하, 웃음소리가 가을 하늘에 울려 퍼졌어.
덩실덩실 탈춤 판이 크게 벌어졌네.
"안동 국제 탈춤 페스티벌, 신 나요, 재미있어요!"
외국인이 으쓱으쓱 어깨춤을 추며 끼어들었어.
하회 탈춤°, 봉산 탈춤°, 북청 사자놀이° 같은 우리 탈춤에
멕시코, 터키, 일본 등 세계 여러 나라의 탈춤까지
여기저기서 흥겨운 공연이 왁자지껄 펼쳐졌어.

태백산 눈 축제

"안녕? 여기는 태백산 눈 축제장이야."
하얀 눈 세상에서 축제 캐릭터들이 반갑게 맞아 주었어.
엄청나게 큰 눈 조각상들은 신기하고도 멋졌지.
"겨울이 길고 눈이 많이 내리는 고장이라
겨우내 쌓여 있는 눈을 이용해서 축제를 연단다."

축제 여행을 끝마칠 때가 되었어.
동녘이와 다정이는 마법 양탄자에 올라타며 외쳤어.
"자, 이제 우리 집으로 출발!"

▲ 환희

눈 축제는 1994년부터 시작됐어. 요새는 한 해에 50만 명도 넘게 다녀가.

수천 명이 한꺼번에 눈싸움을 한 적도 있어. 세계적으로 그런 일은 처음이었대.

▲ 청정이

| 으뜸 사회 꼼꼼 다지기 | 교과 수록 및 연계
사회 4-2 2. 여러 지역의 생활

우리 고장에서는 어떤 축제가 열릴까요?

우리나라 곳곳에는 흥미로운 축제가 많이 있어요.
축제들은 모두 고장의 자연환경, 인문 환경과 깊은 관련이 있답니다.

자연환경과 관련이 있는 축제

▲ 자연환경을 이용한 축제인 지리산 철쭉제

- 자연환경이란 산, 강, 바다처럼 자연이 이룬 환경을 말해요.
- 지역마다 자연환경은 서로 달라요.
- 특색 있는 자연환경은 그 고장의 자랑이에요.
- 고장의 자연환경과 특산물 따위를 널리 알리려고 축제를 열어요.

▲ 고장의 전설이 깃든 축제
바닷길이 넓게 갈라지는 '진도 신비의 바닷길 축제'는 고장의 전설과 풍속이 깃들어 있어요.

인문 환경과 관련이 있는 축제

▲ 인문 환경을 이용한 축제인 수원 화성 문화제

- 인문 환경이란 사람들이 만들어 낸 건축물이나 옷, 음식, 놀이 등을 말해요.
- 특별한 유적지나 유명한 옛사람 등도 인문 환경에 속해요.
- 고장의 역사와 문화유산 등을 잘 보존하고 널리 알리려고 축제를 열어요.

축제의 종류

구분	축제
자연환경과 관련된 축제	지리산 철쭉제, 담양 대나무 축제, 무주 반딧불 축제, 보령 머드 축제, 부산 바다 축제, 김제 지평선 축제, 태백산 눈 축제, 진도 신비의 바닷길 축제, 금산 인삼 축제, 서천 한산 모시 문화제, 함평 나비 대축제 등
인문 환경과 관련된 축제	안산 국제 거리극 축제, 남원 춘향제, 강릉 단오제, 광주 남한산성 문화제, 이천 도자기 축제, 수원 화성 문화제, 전주 약령시 한방 엑스포, 안동 국제 탈춤 페스티벌, 통영 한산 대첩 축제, 세종 문화 큰잔치 등

▲ 고장의 역사가 깃든 축제
충청남도 부여군과 공주시 일대에서 열리는 '백제 문화제'는 고장의 오랜 역사와 문화가 깃든 축제예요.

| 나는야, 으뜸 사회짱! |

왜 고장마다 다른 축제가 열릴까요?

강원도 태백시는 겨울철에 눈이 많이 내려요. 그래서 1월에 눈을 이용한 눈 축제를 열어요. 부산광역시는 바다를 끼고 있어 해수욕장이 여럿 있어요. 그래서 8월에 해양 종합 관광 축제를 열어요. 이처럼 고장마다 축제의 성격이 다른 것은 고장의 특색이 다르기 때문이에요.

▲ 고장의 문화를 알리는 축제
안동은 탈춤 등 다양한 전통문화가 전해 내려오는 도시예요. 그런 특색을 살려 해마다 '안동 국제 탈춤 페스티벌'을 열고 있어요.

▲ 겨울철 눈이 많이 내리는 태백시의 눈 축제

축제를 여는 까닭은 무엇일까요?

그 고장에만 전해 내려오는 독특한 문화나 풍습을 기념하고 널리 알리기 위해 축제를 열어요. 아름다운 자연이나 특산물, 유적지 등을 알리기 위해서도 축제를 열지요. 이러한 축제를 통해 지역 주민들의 뜻을 하나로 모으고, 고장을 사랑하는 마음을 기를 수 있어요. 또 관광 수입과 특산물 판매로 경제적 이득도 얻게 되지요. 관광객들에게는 그 고장에 대한 좋은 인상도 심어 주게 된답니다.

▲ 강릉 지역의 독특한 풍습을 널리 알리는 강릉 단오제

▲ 고장의 유적지를 알리는 축제
경기도 광주시에서는 백제의 첫 도읍지인 남한산성을 널리 알리기 위해 '남한산성 문화제'를 열고 있어요.

| 으뜸 개념 되짚어 보기 |

각 지역에서는 고장의 아름다운 자연과 문화 유적을 널리 알리고 고장 사람들의 소득을 올리기 위해 여러 가지 축제를 개발해서 열고 있어요.

자연환경이란 산, 강, 바다처럼 자연이 이룬 환경을 말해.

특별한 건축물이나 유적지, 유명한 옛사람, 옷, 음식, 놀이 등은 인문 환경에 속하지.

자연환경을 이용한 축제는 어느 것일까요?

아이들이 소개하는 축제 중 자연환경을 이용한 축제를 모두 골라 보세요.

❶  우리 태백에선 겨울에 눈이 많이 오는 걸 이용해 눈 축제를 열어.

❷  우리 광주에서는 백제의 첫 도읍지였던 남한산성을 알리려고 남한산성 문화제를 열어.

❸  제주도에서는 아름다운 유채꽃을 알리기 위해 유채꽃 축제를 연단다.

❹  남원에서는 춘향의 정절과 순수한 사랑을 기리면서 춘향제를 열어.

우리 고장의 축제에 대해 알아보려면?

① 시청(군청·구청)의 누리집을 이용해요.

② 부모님이나 이웃 어른께 여쭈어 보아요.

③ 지역 신문이나 홍보 자료를 조사해요.

④ 고장 행사를 맡은 기관의 담당자에게 물어보아요.

다른 나라의 축제는 어떤 모습일까요?

태국의 송크란 축제

태국의 새해 첫날은 음력 4월 13일이에요. 이날부터 사흘 동안 물 뿌리기, 물고기나 새 놓아 주기, 폭죽놀이 등 다양한 행사가 열려요. 물 뿌리기는 더위도 식히고, 지난 한 해 동안의 잘못을 물로 씻고 축복을 받으라는 뜻이 담겨 있어요. 이때는 지나가다 물벼락을 맞아도 싱글벙글이에요.

▲ 물을 뿌리며 축제를 즐기는 사람들

에스파냐의 토마토 축제

에스파냐의 작은 도시 부뇰에서 8월 마지막 수요일 오전 11시부터 딱 두 시간 동안 주민들과 관광객들이 잘 익은 토마토를 던지며 즐기는 축제예요. 1944년, 이 지방 특산물인 토마토가 풍작이었는데 값이 크게 떨어지자 화가 난 농민들이 시 의회 의원들에게 토마토를 마구 던진 것에서 유래했어요.

▲ 에스파냐의 토마토 축제를 즐기는 사람들

브라질 리우데사네이루 삼바 축제

브라질의 리우데자네이루에서 그곳의 여름인 2월에서 3월 사이의 4~5일 동안 열리는 축제로, 리우 카니발이라고도 해요. 거리 곳곳에서 화려한 삼바 퍼레이드와 공연이 벌어지고, 그것을 보고 즐기기 위해 세계 곳곳에서 수많은 관광객이 몰려들어요.

▲ 화려한 삼바 퍼레이드

이딜리아의 베네치아 가면 축제

이탈리아 베네치아에서 열리는 축제로, 1월 말에서 2월 사이에 열려요. 베네치아 곳곳에서 민속놀이, 황소 사냥, 곡예사의 가장 무도회 등이 열리며, 세계 여러 나라에서 몰려든 수십만 명의 관광객과 다양한 가면들로 치장한 사람들의 물결이 도시를 가득 채워요.

▲ 다양한 가면들로 치장한 사람들